CHAMBRE DE COMMERCE
de Troyes

EXTENSION DE LA COMPÉTENCE

DES

JUGES DE PAIX

AUX

MATIÈRES COMMERCIALES

RAPPORT ET DÉLIBÉRATION

Séance du 6 Juillet 1881

TROYES

IMPRIMERIE ET LITHOGRAPHIE DUFOUR-BOUQUOT

RUE NOTRE-DAME, 43 ET 41

1881

CHAMBRE DE COMMERCE
de Troyes

———oo∘∗∘oo———

EXTENSION DE LA COMPÉTENCE

DES

JUGES DE PAIX

AUX

MATIÈRES COMMERCIALES

———

RAPPORT ET DÉLIBÉRATION

———

Séance du 6 Juillet 1881

———⋗∗⋖———

TROYES

IMPRIMERIE ET LITHOGRAPHIE DUFOUR-BOUQUOT

RUE NOTRE-DAME, 43 ET 41

———

1881

EXTENSION DE LA COMPÉTENCE

DES

JUGES DE PAIX

AUX

MATIÈRES COMMERCIALES

Séance du 6 Juillet 1881

L'an mil huit cent quatre-vingt-un, le six juillet,

Sont présents :

MM. Louis Saussier, *président;* A. Poron, *vice-président;* E. Buxtorf, F. Fontaine, C. Fromonot, Marquot, F. Samuel, P. Raguet, *membres.*

M. le Président donne la parole à M. F. Fontaine, rapporteur de la Commission [1] chargée de

---

(1) La Commission était composée de MM. Louis Saussier, E. Buxtorf, F. Fontaine, P. Gérard-Millot, G. Masson, tous anciens membres du Tribunal de Commerce.

l'examen du projet de loi sur la compétence des Juges de paix.

M. Fontaine s'exprime en ces termes :

MESSIEURS,

M. le Ministre de la Justice a présenté à la Chambre des Députés au nom du Gouvernement, le 15 mars dernier, un projet de loi qui tend à augmenter considérablement les attributions des Juges de paix et notamment à étendre leur compétence aux matières commerciales.

Justement émus des conséquences de ce projet au point de vue des intérêts commerciaux, vous avez chargé une Commission de l'examiner ; j'ai l'honneur de vous rendre compte du résultat de cet examen.

Votre Commission a dû constater, tout d'abord, que le projet en question a été soumis au Pouvoir législatif, sans que les Chambres de Commerce aient été préalablement consultées. Et, cependant, aux termes du décret organique de leur institution, en date du 3 septembre 1851, leur avis doit être *demandé spécialement, sur les changements projetés dans la législation commerciale.*

Evidemment les lois qui réglementent l'administration de la justice en matière de commerce font partie essentielle de la législation commerciale ; d'ailleurs, il suffit de lire le projet de loi pour apprécier toute la gravité des innovations qu'il contient, et pour reconnaître que l'on aurait dû prendre l'avis des représentants attitrés du Commerce avant de soulever des questions aussi importantes.

Nous avons donc, en premier lieu, à regretter que l'on

n'ait pas recueilli l'opinion des Chambres de Commerce et des autres organes autorisés des besoins commerciaux, conformément aux lois et règlements, avant de soumettre le projet à la Chambre des Députés.

Cette première observation faite, nous allons exposer, en quelques mots, le but, les tendances, ainsi que les résultats probables de la loi proposée.

Sous prétexte de simplifier les formes judiciaires et de diminuer les frais, on veut confier aux Juges de paix une bonne partie des affaires qui jusqu'alors, en matière civile, commerciale ou pénale, étaient soumises aux Tribunaux d'arrondissement et aux Tribunaux de Commerce.

En matière commerciale, tout le principe de l'innovation se trouve compris dans l'article 1ᵉʳ qui est ainsi conçu :

« *Les Juges de paix connaissent de toutes actions personnelles ou mobilières en matière civile et commerciale, en dernier ressort jusqu'à la valeur de 200 francs, et à charge d'appel, jusqu'au taux de la compétence en dernier ressort des Tribunaux d'arrondissement et des Tribunaux de Commerce.* »

Il résulte de cette disposition, qu'en matière commerciale, toutes les demandes, dont l'importance ne dépassera pas une valeur de 1,500 francs, seront portées devant les Juges de paix, et que toutes celles qui ne dépasseront pas 200 francs, seront jugées par ces magistrats en dernier ressort ; au-dessus de 200 francs, ils jugeront seulement en premier ressort et, bien que le texte du projet ne le dise pas formellement, il paraît résulter du système développé dans l'exposé de motifs qui l'accompagne, que ces affaires, en cas d'appel, viendront devant les Tribunaux de Commerce ; de sorte que ces Tribunaux ne verront plus paraître à leur barre que deux catégories d'affaires : celles qui concernent un intérêt supérieur à 1,500 francs, qu'ils jugeront comme aujourd'hui en premier ressort, et quelques-unes de celles qui varient entre 200 francs et 1,500 francs sur lesquelles ils statueront en seconde juridiction lorsque les jugements, rendus par les Juges de paix, seront frappés d'appel.

Le projet de loi renferme, en outre, d'autres dispositions accessoires destinées à augmenter de diverses façons, en matière commerciale comme en matière civile, le pouvoir et l'action des magistrats cantonaux.

Votre Commission, Messieurs, a été unanime pour reconnaître que ce projet, bien qu'inspiré par un louable désir d'activer les procédures, de diminuer les frais et de faciliter la conciliation des différends, est de nature à amener, au détriment des justiciables, les plus graves perturbations dans notre organisation judiciaire, notamment en matière de commerce.

Nous pensons donc qu'il est du devoir de la Chambre de faire ressortir, sans plus attendre, les considérations puissantes qui doivent faire repousser le projet de loi.

Toutefois, la question est grave, et il nous faudrait un certain temps pour l'étudier dans tous ses détails : d'un autre côté, nous ne croyons pas qu'il soit possible à la Chambre des Députés de statuer dans un court délai ; nous ne pensons pas davantage qu'elle veuille et qu'après elle le Sénat consente à se passer de l'avis des Chambres de Commerce. Dans cette double pensée, convaincus cependant de la nécessité de formuler sans retard nos réclamations, nous nous contenterons aujourd'hui d'exposer brièvement les nombreux inconvénients des changements proposés par M. le Ministre de la Justice, en nous réservant de donner ultérieurement, s'il y a lieu, de plus amples développements aux motifs qui nous déterminent.

I

La statistique des travaux du Tribunal de Commerce de Troyes établit que, sur 1,925 jugements rendus sur assignations, pendant les quatre dernières années, 269 seulement, c'est-à-dire moins d'un septième, étaient en premier ressort. Avec le régime que l'on voudrait établir, toutes les autres affaires, soit 6 sur 7, auraient été portées devant le Juge de paix, sauf, pour quelques-unes, à revenir en appel devant le Tribunal. La proportion constatée à Troyes est à peu près semblable partout, et si la loi est votée, elle aura pour effet de compromettre l'existence même des Tribunaux de Commerce, qui se trouveront tellement amoindris, que dans certaines localités ils n'auront plus aucune raison d'être.

Or, la Magistrature consulaire, cette respectable institution qui date déjà de trois siècles, que les législateurs de 1789 ont respectée, et dont les avantages pas plus que la sagesse n'ont jamais été mis en doute, est tellement nécessaire aux intérêts commerciaux, qu'il serait déraisonnable d'y toucher, à moins que ce ne soit pour la perfectionner, ou pour agrandir son influence, au lieu de restreindre ses attributions comme on prétend le faire aujourd'hui.

Cet anéantissement de la Magistrature consulaire n'a peut-être point été prévu par l'auteur du projet de loi, nous ne voulons pas croire qu'il entre dans ses intentions; mais il nous paraît inévitable et nous ne saurions trop insister sur la gravité de ce premier résultat.

II

Il s'en produirait d'autres, non moins regrettables, si la majeure partie des causes de toute nature était portée, comme on le propose, devant les Juges de paix, magistrats qui fonctionnent sans assesseurs et prononcent toujours seuls sur les contestations qui leur sont soumises.

Qui ne comprend la gravité d'une telle extension donnée au pouvoir du Juge unique, et les conséquences qu'elle peut avoir pour la bonne ou la mauvaise issue des procès? N'est-il pas évident que plusieurs juges (trois pour le moins selon la loi) étudiant ensemble le litige qui leur est soumis, s'éclairant de leurs mutuelles lumières, se gardant réciproquement contre tout entraînement irréfléchi ou passionné, sont beaucoup moins exposés à se tromper et rendront toujours une bien meilleure justice que le Juge unique qui est réduit à ses seules inspirations et dont les décisions ne présenteront jamais, à aucun degré, les mêmes garanties? N'est-il pas certain aussi que ce n'est pas toujours dans l'importance du chiffre débattu que se trouve la difficulté de la solution et l'intérêt que les parties attachent à la décision; que, par conséquent, la pluralité des juges est aussi avantageuse, aussi nécessaire pour les petites affaires que pour les grandes?

Il suffit de poser ces questions pour démontrer que le système du Juge unique est défectueux en lui-même pour toute espèce de causes.

III

Si ce système est vicieux en principe, il sera surtout dangereux dans son application aux affaires commerciales.

Les Juges de paix, en effet, sont et seront toujours des Magistrats civils, naturellement enclins à juger selon les règles du droit strict, sans tenir compte suffisant des principes d'équité sur lesquels se fonde la jurisprudence commerciale. N'ayant aucune expérience des usages du commerce et de ses exigences, dépourvus sous ce rapport de toutes connaissances pratiques qui leur permettent d'apprécier sainement les faits, ils seront d'autant plus exposés à mal juger qu'ils seront seuls pour prononcer sur des différends pour lesquels ils sont très-peu compétents ; et, si dans les arrondissements dépourvus d'un Tribunal consulaire, les justiciables ont pu souvent, non sans raison, se plaindre de certains jugements rendus en matière commerciale par les Tribunaux civils, qui cependant sont composés de plusieurs membres, et dont nous sommes loin de vouloir suspecter la droiture et les bonnes intentions, les plaintes seront assurément bien plus nombreuses et beaucoup mieux fondées, quand la majeure partie des litiges commerciaux sera partout soumise au jugement d'un Magistrat civil, unique et dépourvu de la compétence nécessaire.

IV

Les Juges de paix, d'ailleurs, à qui le plus grand nombre des affaires, tant commerciales que civiles, seraient ainsi renvoyées, sont déjà suffisamment occupés ; avec le régime que l'ont veut introduire, ils seraient surchargés ; dans certains cantons, notamment dans les villes populeuses et commerçantes, le temps matériellement nécessaire leur manquera ; et, au lieu de l'expédition plus rapide des affaires que M. le Ministre de la justice se flatte d'obtenir, nous verrons les litiges de toutes sortes s'accumuler forcément pour attendre leur tour, et subir des retards toujours trop longs, surtout en matière de commerce.

V

D'après l'exposé des motifs, la loi projetée doit procurer aux intéressés les avantages :

De la proximité du Juge,
D'une diminution dans les frais,
D'une plus grande facilité de conciliation.

Ce serait une erreur de penser qu'en renvoyant les causes commerciales devant les magistrals cantonaux, on rapprochera le juge du justiciable. A nos yeux, le rapprochement, s'il se produit pour quelques-uns, sera l'exception ; pour le plus grand nombre, au contraire, le Juge deviendra d'un accès moins facile. En effet, dans les grandes villes commerçantes, le justiciable trouve toujours un Tribunal consulaire, aussi bien à sa portée que le Juge de paix ; partout ailleurs, les relations commerciales s'établissent bien plutôt au dehors que dans la localité même, et l'on peut affirmer avec certitude que les contestations soulevées entre les habitants d'une même commune ou d'un même canton, comptent pour bien peu dans l'ensemble des procès commerciaux. Il faut donc admettre que, même sous le régime proposé, l'une des parties sera toujours obligée de se déplacer dans la plupart des cas. Or, ces déplacements sont plus commodes et moins coûteux quand il s'agit, comme aujourd'hui, de se rendre dans des villes, centres d'affaires, où l'on peut être appelé en même temps pour plusieurs motifs, et dans lesquelles on arrive facilement de toute part au moyen des voies de communication rapides et nombreuses qui viennent y converger ; le contraire se produira si les justiciables sont obligés de se transporter dans les localités, souvent peu importantes et d'un accès relativement difficile, où se trouvent le plus souvent les résidences de Juges de paix. Ainsi, pour mieux faire comprendre notre pensée par un exemple pris dans l'arrondissement de Troyes, il est certain que, si un commerçant de Bouilly se trouve en procès avec un habitant d'Estissac, il lui sera beaucoup plus facile de venir, comme aujourd'hui, plaider son affaire à Troyes, que d'aller à Estissac par des chemins détournés et peu fréquentés. Bien d'autres exemples tout aussi concluants pourraient être cités, s'il en était besoin.

Ajoutons que le commerçant, en présence d'une difficulté, ne peut se passer d'un conseil ; il le trouvera toujours plus sûr et plus utile auprès des officiers ministériels qui entourent les Tribunaux d'arrondissement, que chez les hommes d'affaires d'un ordre inférieur qui végètent dans les prétoires des Justices de paix.

Nous pouvons conclure de ce qui précède que l'avantage de la proximité du Juge est tout-à-fait illusoire, et qu'il ne saurait motiver le projet de loi.

VI

Quant aux frais, auxquels on prétend apporter une notable économie, ils se partagent en trois catégories : les dépenses de déplacement, les honoraires réclamés par les conseils des parties, et les frais taxés.

En ce qui concerne les premiers, nous avons vu tout-à-l'heure qu'il sera tout aussi difficile et tout aussi coûteux d'aller trouver les Juges de paix que de se rendre devant les Tribunaux de Commerce.

Pour les seconds, il ne faut pas oublier que devant le Tribunal de Commerce comme devant le Juge de paix, les parties peuvent présenter elles-mêmes leurs moyens de défense. Si elles jugent convenable de se faire assister par un homme de loi, nous sommes convaincus qu'elles n'auront pas à payer des honoraires moins élevés aux agents d'affaires qui se présenteront pour elles devant les Juges de paix, qu'aux agréés qui soutiennent actuellement leurs intérêts devant les Tribunaux de Commerce.

Quant aux frais taxés, en admettant qu'il existe une différence à l'avantage de la procédure devant la Justice de paix, cette différence porte dans sa plus forte partie sur la somme revenant au Trésor : si l'Etat admet la diminution de recettes qui doit lui incomber d'après le projet de loi, nous ne voyons pas pourquoi il ne ferait pas aussi bien ce sacrifice en diminuant les taxes devant la Juridiction consulaire ; il assurerait ainsi aux justiciables une économie certaine de frais, réclamée d'ailleurs depuis longtemps, sans qu'il soit besoin de bouleverser toute l'organisation judiciaire.

VII

Il reste enfin la conciliation, que l'on se flatte de rendre plus facile.

Ici, nous nous trouvons d'accord avec M. le Ministre de de la Justice, en ce sens qu'il est important de favoriser le plus possible la conciliation des différends.

Les Tribunaux de Commerce sont les premiers à sentir le prix de semblables solutions ; la très-grande quantité d'affaires qui se concilient devant eux en est la meilleure preuve, en même temps qu'elle dévoile la féconde influence exercée sur les parties par les Magistrats consulaires qui président à un si grand nombre d'arrangements.

Ces conciliations toutefois, dans l'état actuel de la législation, ne peuvent être tentées qu'après un jugement de renvoi devant un Membre du Tribunal; lorsqu'elles interviennent, la cause est déjà inutilement grevée de frais d'assignation et de renvoi dont les parties cherchent à se décharger l'une sur l'autre, et qui forment souvent le plus grand obstacle à l'arrangement, surtout quand le débat principal roule sur nne faible somme.

Nous croyons que, sur ce point, il est possible de réaliser d'utiles progrès, et que les efforts du législateur, en vue principalement des affaires de minime importance qu'il importe surtout d'affranchir de frais onéreux, doivent tendre à établir des formes de procédure à peu près gratuites pour les conciliations.

Mais, pour obtenir ce résultat, il n'est pas nécessaire de recourir au ministère des Juges de paix; nous croyons même que ce serait manquer le but. Ces Magistrats, déjà fort occupés, se trouveront, si le projet de loi est voté, beaucoup trop surchargés ; il ne leur sera pas possible d'entendre les parties autant qu'il le faudrait, de les appeler, plusieurs fois peut-être, devant eux, afin de parvenir à leur inspirer des pensées de conciliation qui n'entrent pas de suite dans leur esprit ; d'un autre côté, dépourvus, comme nous l'avons dit plus haut, des connaissances nécessaires pour juger sûrement les contestations commerciales, les Juges de paix sauront encore bien moins concilier ces sortes d'affaires qui s'arrangent facilement devant les Juges consulaires, parce que ceux-ci trouvent dans leur expérience professionnelle et dans leurs habitudes de la vie commerciale de puissants éléments de succès.

Nous pensons que la réforme la plus efficace consisterait dans une disposition légale permettant ou ordonnant que toute affaire commerciale, dont l'importance ne dépasserait pas une valeur maximum à fixer, soit soumise, préalablement à l'assignation et sans frais, à une tentative de conciliation devant un membre du Tribunal qui pourrait être désigué chaque année, à cet effet, par ses collègues. Si cette formalité préliminaire était ainsi mise en pratique, elle comblerait une lacune qui existe, selon nous, dans l'administration de la justice commerciale et répondrait à des vœux que nous avons entendu bien souvent exprimer.

On nous objectera peut-être que cette amélioration ne pourra produire son effet que là où il existe un Tribunal de Commerce. Ce serait, dans ce cas, un motif de plus pour désirer que l'institution consulaire, au lieu d'être l'objet de modifications regrettables tendant à l'amoindrir et peut-être à la supprimer, soit, au contraire, étendue et établie partout où le besoin s'en fait sentir. D'ailleurs, dans notre pensée, la tentative de conciliation préliminaire n'en aurait pas moins lieu dans les arrondissements privés d'un Tribunal consulaire; ce serait alors devant un des membres du Tribunal civil, jugeant commercialement, que les parties pourraient être appelées.

Cette question, du reste, demande à être étudiée; en la soulevant aujourd'hui, nous n'avons pas eu d'autre intention que de mettre au jour une idée, persuadés, qu'à un moment donné, elle trouvera son application.

Les diverses considérations qui précèdent nous sont inspirées par l'expérience que nous avons pu acquérir dans l'exercice de la Magistrature consulaire; elles nous semblent faire suffisamment ressortir le danger des innovations proposées par M. le Ministre de la Justice; si l'on prenait la question en détail, il y aurait encore beaucoup d'objections à présenter ; nous le ferons plus tard, s'il est nécessaire.

Aujourd'hui, nous nous en tiendrons à cet aperçu ; et, pour conclure, votre Commission, vous propose, Messieurs,

De protester énergiquement contre le projet de loi, principalement en ce qui touche l'extension de la compétence des Juges de paix aux matières commerciales ;

D'exprimer le vœu que la question du préliminaire de conciliation, devant un Juge consulaire, pour les litiges commerciaux, soit mise à l'étude et résolue dans le sens indiqué ci-dessus ;

Sous toutes réserves d'un nouvel avis de la Chambre sur les importantes questions soulevées par le projet de loi, s'il y a lieu.

La Chambre,

Après avoir entendu la lecture de ce rapport et en avoir délibéré, en approuve à l'unanimité les conclusions, et déclare les convertir en délibération.

Elle décide que le rapport et la présente délibération seront adressés :

A MM. les Ministres de la Justice et du Commerce,

A MM. les Présidents du Sénat et de la Chambre des Députés,

A MM. les Sénateurs et Députés de l'Aube,

Et aux Membres de la Commission de la Chambre des Députés, chargés de l'examen du projet de loi.

Le Président,

Louis SAUSSIER.

Le Vice-Président,

A. PORON.

IMPRIMERIE DUFOUR-BOUQUOT
D B
TROYES.